LE FAUX

SUFFRAGE UNIVERSEL

ET

L'EMPIRE

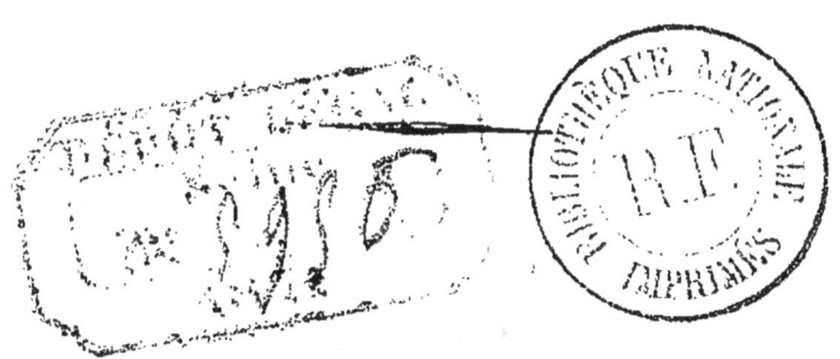

PARIS

A. SAUTON, LIBRAIRE

41, RUE DU BAC, 41

—

1872

1871

Paris. — Imprimerie Ad. Lainé, rue des Saints-Pères, 19.

I.

Il est temps pour la France, si elle veut se relever de ses malheurs, de se décider sérieusement à suivre l'exemple de grandes et heureuses nations dont le patriotisme s'inspire avec soin de la science et qui, rectifiant la théorie à son tour par l'expérience, avancent ainsi d'un pas ferme, sans secousse ni révolutions, dans la voie du progrès.

Elles savent que la richesse des nations est en proportion de la liberté dont elles jouissent.

Elles veulent trois choses : la liberté, la paix, la richesse. Elles savent que les grandes armées permanentes en sont la destruction, qu'elles correspondent à des états de choses opposés : la guerre, le despotisme, la misère ; elles n'ont point d'armées permanentes.

Elles savent qu'une agitation raisonnable conduit au progrès, la révolution au despotisme : elles s'agitent sans faire de révolutions.

Elles savent qu'il est plus moral, moins coûteux, de moraliser, d'instruire les masses que de les surveiller et de les punir : elles regardent comme un devoir de l'État d'instruire et de moraliser.

La France doit se résoudre à être faible, esclave et pauvre sous tous les régimes, tant qu'elle aura des armées permanentes.

Celui qui les abolira sera véritable-
ment le libérateur de la patrie.

Le roi Louis-Philippe est l'homme de
son temps qui a le mieux connu ces véri-
tés. Aussi, en maintenant par système la
paix, il a plus fait que personne pour la
prospérité de la France et de l'Europe.

II.

La France imagine communément que c'est sur les bords du Rhin, à Sedan, qu'elle a été défaite par la Prusse ; peu de gens voient encore clairement que c'est sur les bords de la Seine, à Paris, dans une nuit qui sera maudite jusqu'à notre dernière postérité, et sur nos boulevards ensanglantés, que, mal protégée par ses institutions, elle a pu être surprise, et qu'elle a peut-être été frappée du coup mortel.

Hélas ! plus grande mille fois que celle

occasionnée par les armes de la Prusse est la vraie défaite! Ce sont les puissances morales mêmes de la France qui ont été ruinées.

C'est là qu'est le désastre, le désastre le plus irréparable! Cherchez ce que sont devenus, avec la perte des libertés publiques, l'idée de justice, le respect des lois, dans l'esprit du peuple français et des autres nations de l'Europe, depuis cette nuit néfaste; ce que sont devenus ce droit sacré de propriété, d'où découle la civilisation, devant l'odieuse confiscation des biens de la famille d'Orléans; l'autorité des chefs et la discipline pour une armée qui avait porté la main sur ses plus glorieux généraux, et avait vu traîner en prison et traiter comme de vils scélérats les représentants de la nation, les plus illustres citoyens!

Depuis cet attentat, on ne croit plus qu'à la force. La violence sauvage a fait une irruption triomphale dans le monde civilisé.

III.

Quand on connaît l'intervention du monde invisible dans le monde visible, et l'influence réciproque de l'un sur l'autre, on cesse de s'étonner de ce sinistre cri de trahison que pousse l'armée dans cette longue et sanglante déroute depuis les bords du Rhin jusqu'à ceux du Mans, de sa défaite première à sa défaite dernière, et qui s'exhale de la poitrine des mourants avec leurs imprécations.

C'est une vérité qu'on ne saurait mettre assez en évidence dans ce pays, que ce n'est pas la Prusse qui a défait la

France, que c'est l'empereur Napoléon.

Cependant il faut être juste même pour cet homme. Il n'aurait pu faire tout seul ce qu'il a fait, il a eu des complices ; et cela n'aurait pas suffi s'il n'eût trouvé tout prêt un instrument d'une incalculable puissance dont il s'est servi.

Cet instrument, c'est le prétendu suffrage universel, adapté, de plus, à un système pour lequel le suffrage universel, vrai même, n'est pas fait : à des institutions monarchiques. Car le suffrage universel n'est que le principal organe de la souveraineté nationale, et il ne peut fonctionner qu'avec l'ensemble des institutions républicaines.

Avec cet instrument il a trompé le monde. Il a faussé la conscience humaine, altéré la raison des peuples. Jamais peste aussi pernicieuse n'a été introduite parmi les hommes. Le mensonge a été l'instrument du règne. C'est là le crime qui voue, encore plus que le coup d'État, son nom et celui de ses complices à une éternelle infamie.

Tout ce qu'il a fait, la nation a paru le vouloir.

Il en a fait en apparence sa grande complice devant le monde et devant l'histoire.

Quand il a violé de la manière que l'on sait les lois de la nation, la constitution qu'il avait solennellement juré de défendre, il s'adresse à la France en ces termes ; nous citons :

« . . . . . . *Mais aujourd'hui que le pacte fondamental n'est plus respecté de ceux-là mêmes qui l'invoquent sans cesse, et que les hommes qui ont déjà perdu deux monarchies veulent me lier les mains* AFIN DE RENVERSER LA RÉPUBLIQUE, mon devoir est de déjouer leurs perfides projets, DE MAINTENIR LA RÉPUBLIQUE et de sauver le pays, en invoquant le jugement du seul souverain que je reconnaisse en France, le Peuple (1). »

Que répond le prétendu suffrage universel ?

Vous avez bien fait.

C'est la réponse de 7,473,431 voix sur 8,151,689 votants.

Quelques mois après il le consulte de nouveau.

Le prétendu suffrage universel renverse par 7,824,189 voix la République, pour la conservation de laquelle le pré-

(1) *Les Titres de la dynastie napoléonienne.* Imprimerie impériale, 1868.

sident Louis-Napoléon s'était excusé d'avoir frappé l'Assemblée nationale et violé les lois, et proclame l'empire.

Ce n'est pas une fois, deux fois, accidentellement, c'est pendant tout le règne que le suffrage universel approuve, applaudit l'empereur. Celui-ci interroge et agit. Quant à celui-là, il n'a qu'un rôle : il approuve.

Il envoie au maître les députés que celui-ci désigne.

L'empereur détruit la France à l'intérieur ; il la détruit à l'extérieur : le suffrage universel applaudit.

Il accumule les fautes, les prodigalités monstrueuses, les folies dignes d'Héliogabale ; plus sa criminelle démence grandit, et plus aussi augmente le nombre des voix qui applaudissent.

S'il n'eût été renversé par un fait extérieur, ce prétendu suffrage universel eût tout approuvé et lui eût fait une gloire de ses défaites mêmes.

Depuis le sénat romain, on n'avait pas vu un instrument aussi servile.

Grâce à cet instrument, avec lequel l'empereur fait à la fois la demande et la réponse, tous ses actes sont d'une parfaite légalité, et il peut dire tranquillement : « Tout ce que j'ai fait, c'est la nation qui l'a voulu. » Il a pu dire après Sedan, en rendant son épée au roi de Prusse : « Sire, ce n'est pas moi, c'est la France qui a voulu la guerre ; moi, je n'ai fait qu'exécuter ses volontés. »

Paroles auxquelles le président de la République, indigné, a infligé du haut de la tribune, à Bordeaux, le plus sanglant démenti à la face du monde, au nom de la France.

Il faut en convenir cependant : si le suffrage universel, tel qu'il est constitué, n'est pas un instrument faux et adapté subrepticement à des institutions pour lesquelles il n'est point fait, tous les actes de l'empereur Louis-Napoléon sont d'une parfaite légalité.

C'est avec l'assentiment du pays qu'il a détruit en vingt ans la nation la plus florissante.

Il y a plus :

Le suffrage universel étant la mesure de la volonté nationale, l'empire a été son expression : c'est indéniable. Tout ce qui a été fait contre l'empire est contraire à cette volonté, est une usurpation de cette volonté souveraine. L'empire est le seul gouvernement légitime ; le pouvoir de la nation n'est pas à Versailles, il est à Chislehurst.

IV.

Vous ne pouvez condamner l'empereur sans condamner en même temps le prétendu suffrage universel, puisqu'il n'a rien fait sans lui.

Il faut choisir :

Ou la volonté nationale était avec l'empereur dans ces colossales majorités de 7 à 8 millions de votes, ou bien elle était avec cette poignée d'âmes généreuses qui luttaient patriotiquement à la tribune, dans les réunions, dans les journaux, dans les livres, et qui ont fait tous leurs efforts pour empêcher la guerre qui achève la ruine du pays. Elle était dans Paris et les grandes villes, ou dans les villages et les campagnes.

Il faut reconnaître que l'instrument dont il s'est servi ne représentait point la volonté nationale, et l'organiser selon les vrais principes; sinon il faut absoudre Louis-Napoléon Bonaparte, qui a détruit la France, et rétablir son pouvoir, qui est légitime, étant la propre expression de la volonté du pays. Il n'y a pas d'autre alternative.

***

V.

Examinons comment est constitué le fatal instrument qui a tout permis à l'empereur.

On a trompé la France, on la trompe quand on lui dit qu'elle a le suffrage universel. Non, elle ne l'a pas; non, elle n'a jamais eu ce grand organe de la liberté et de la souveraineté nationale; elle en est à mille lieues. Elle a eu, elle a encore, sous ce nom, le plus puissant organe qu'ait jamais eu le despotisme.

Les résultats l'ont prouvé. Ils ont été constamment les mêmes.

N'a-t-il pas tout acclamé : république, monarchie, empire, adversaires de l'empire ? N'a-t-il pas applaudi sa propre ruine ? Il applaudirait n'importe qui et n'importe quoi, car il est organisé pour cela et rien que pour cela.

Que fait l'Angleterre, que font les États-Unis, ces pays qui vivent de longue date au grand air de la liberté ?

L'un et l'autre partent de ce principe que le vote est un droit du citoyen, mais que la société ne doit pas être compromise par l'exercice de ce droit.

Et l'Angleterre, conformément à sa constitution aristocratique, exige des garanties de fortune pour assurer l'indépendance et la capacité de l'électeur.

Les États-Unis, conformément à la

leur, qui est démocratique, assurent l'indépendance et la capacité de l'électeur au moyen d'admirables institutions et de la plus vaste, de la plus haute instruction publique. En sorte que l'on peut négliger quelques votes incapables, comme on néglige dans une grande addition les centimes sans altérer la valeur des résultats.

VI.

Qu'a-t-on fait en France?

On a violé toutes les règles; on a supprimé toutes les garanties sociales : celles que la prudente Angleterre demande à la fortune, et celles que les États-Unis, le plus hardi des peuples, trouvent dans leurs institutions et dans leur instruction publique. On a donc un instrument tout différent, qui donne des résultats tout opposés à ceux qu'il donne dans ces pays.

En France, pays depuis des siècles dés-
habitué de la liberté, où le pouvoir, quel
que soit son nom, mesure d'une main
avare la liberté, quand il veut bien en
donner ; où tout est organisé en vue de
favoriser le despotisme, comme en Angleterre et aux États-Unis tout l'est pour
maintenir les libertés de la nation ; en
France, où le pouvoir est tout, l'individu
rien, et où tout le monde veut être du
pouvoir, les masses privées d'instruction
appartiennent d'avance à tous les gou-
vernements.

Or dans quelles proportions sont-elles,
ces masses ? On peut en juger d'une manière assez précise en consultant les sta-
tistiques. Prenons celles de 1860, inter-
médiaire entre 1850 et 1870. Sur
312,204 jeunes gens appelés à tirer au
sort, nous en trouvons 90,781 qui ne

savent ni lire ni écrire, 9,000 qui savent lire ;

203,192 qui savent lire et écrire ;

9,198 dont on n'a pu vérifier l'instruction.

Si nous remontons à 10 ans plus haut, à 1850, le nombre de ceux qui ne savent ni lire ni écrire est encore plus considérable. En sorte que la proportion de ceux-là est encore plus forte parmi les hommes de 30 ans, plus forte encore parmi ceux de 40 ans, et ainsi de suite en remontant en âge.

Notez qu'on n'a pas constaté ce qui était le plus important à connaître, à savoir, le degré d'instruction de ceux qui savaient lire et écrire. Or on sait que cet état peut s'accorder avec une très-grande ignorance. Il est probable que la moitié au moins des 203,192 était dans cet état, ce qui, ajouté aux cent mille environ qui ne savent ni lire ni écrire, donne les deux tiers dans une profonde ignorance. Mais combien cette proportion s'accroît, si l'on ajoute à cette somme la totalité des électeurs de 21 à 70 ans ! On trouve là les millions de votes des plébiscites et les grandes majorités des chambres sous l'empire.

VII.

Le suffrage universel, c'est la lumière universelle. L'avons-nous? Nos campagnes ne sont-elles pas dans une ignorance fabuleuse? A-t-on seulement cherché à la faire disparaître?

Si on eût voulu sincèrement le suffrage universel, rien n'était plus facile : on eût donné à tous les Français l'instruction publique gratuite et obligatoire, qui bientôt eût donné à la France un suffrage libre et éclairé. Dès qu'on ne l'a pas fait ayant pu le faire, nous sommes autorisés à conclure que ce n'était pas là le but qu'on poursuivait réellement. On voulait un instrument, on l'a eu.

Ce n'est pas le nombre de votants qui fait qu'il y a ou non suffrage universel, c'est lorsque le droit de voter est étendu aussi loin qu'il y a suffrage ; là est la limite infranchissable. Si on ne va pas jusque-là, il y a suffrage restreint ; si on la dépasse, on arrive au vote sans suffrage, au vote mécanique.

Celui-là, loin d'être le suffrage universel, est la destruction du suffrage universel et de tout suffrage quelconque.

Le nombre ne donne aucun droit, le nombre par lui-même n'est rien ; il signifie seulement qu'on a répété une unité une certaine quantité de fois, pas autre chose. De la valeur de l'unité dépend celle du nombre.

Là où la valeur des unités n'est pas la même, il ne peut y avoir ni majorité ni minorité.

On ne peut additionner que des unités du même ordre; voilà la règle qu'on est tenu d'observer quand on présente une addition. La loi est tenue à être l'expression de la vérité.

VIII.

On a invoqué le droit de l'individu. C'est un prétexte. On oublie que dans une société il n'y a pas que le droit de l'individu à considérer, qu'il y a encore et surtout le droit de la société. Ni l'un ni l'autre ne doit être sacrifié. C'est à les accorder dans la plus juste mesure, à trouver leur point d'intersection, pour ainsi dire, que consiste presque constamment le problème à résoudre. L'individu a le droit de voter, mais à condition que cela ne nuise pas à la société. Ici, la société, c'est le droit des autres.

La société a le droit de ne pas se laisser conduire à sa perte.

Il y a une règle majeure : il n'est pas permis de nuire à autrui.

L'individu qui vote sans être réellement en état de donner un suffrage nuit à autrui, il annule un suffrage.

Le droit de vote n'est pas dans un intérêt purement personnel comme on paraît le croire, il est surtout dans un intérêt général. C'est si vrai que l'électeur n'a pas le droit de vendre son vote, d'en trafiquer; on punit celui qui se rend coupable de ces actes; on annule le vote entaché de corruption, d'intimidation. L'électeur est tenu de faire consciencieusement le meilleur usage de ce droit dans l'intérêt général.

En effet, il s'agit ici de l'intérêt de la société tout entière, de sa conduite, de sa direction, qui peut être bonne ou fatale.

On conclut encore de l'intérêt de l'électeur à son droit. La conclusion est loin d'être juste. Certes, on irait loin avec cette doctrine, si on était conséquent. Que de choses cet homme aurait un intérêt bien plus pressant à posséder que le droit de vote, auxquelles il aurait par conséquent droit, et que pourtant on ne lui donne pas !

Quand on ne sait pas ce que l'on fait, on a tout intérêt à ne pas agir.

De bonne foi, croit-on que ces millions d'hommes eussent voté vingt ans comme ils ont fait, s'ils eussent été libres de voter autrement et s'ils avaient su ce qu'ils faisaient ?

Avec le vrai suffrage universel, l'empire et tous ses effets eussent été impossibles. Cela eût été contraire à sa nature.

Devant un si épouvantable résultat, celui de la ruine d'une nation, nous demandons lequel vaut le mieux, à la rigueur, de deux systèmes, dont l'un restreint le droit de suffrage et ne fait pas voter tous ceux qui seraient capables de donner un suffrage, et dont l'autre, allant en sens inverse, l'étend outre mesure et fait voter jusqu'aux incapables de donner un suffrage.

Tous les deux ont été expérimentés.

Qu'on compare la France de 1848, si brillante, si prospère, avec la France de 1870, et qu'on prononce. L'un de ces deux systèmes représente une volonté nationale, incomplète sans doute;

mais l'autre est un mensonge qui donne ce qu'il veut pour la volonté nationale. De là la différence des résultats. L'un a donné un gouvernement national, et la preuve, c'est que, pendant le règne du roi Louis-Philippe, la nation fut constamment armée. Elle présenta à l'Europe ses innombrables gardes nationales. Et la première chose que fait un gouvernement qui s'impose, c'est de désarmer la nation. C'est ce qu'a fait l'autre.

Si l'on a fait une révolution pour le premier, ce qu'on ne pourra jamais assez déplorer, on ne peut faire moins que de revenir à la vérité en faisant disparaître le système le plus faux et le plus dangereux qui ait existé dans aucun temps et chez aucun peuple.

IX.

Il faut revenir à la vérité sous peine de périr. La République n'a pas fait l'état actuel des choses, elle a trouvé les populations ignorantes. Elle doit tenir compte du fait et étendre le vote jusqu'où il peut être étendu. Mais son devoir est de mettre immédiatement la nation en état d'exercer ce droit au plus tôt en lui donnant l'instruction publique gratuite et obligatoire. Nous ne séparons pas la morale de l'instruction; selon nous, elle en est inséparable.

La morale est plus utile encore que l'instruction. On a plus d'intérêt à être honnête homme, bon citoyen, qu'homme instruit.

Nous avons tous intérêt à vivre au milieu d'hommes instruits, honnêtes, plutôt qu'au milieu d'une population ignorante et grossière. Si les ouvriers, les paysans, ont intérêt à l'instruction publique, les propriétaires, les patrons, n'ont pas moins intérêt à avoir des ouvriers intelligents, laborieux, habiles. Cette instruction publique, cordialement et généreusement accordée, fera disparaître les préjugés, éclairera les classes laborieuses sur leur véritable intérêt, qui est dans l'union et la concorde.

L'instruction du peuple était la recommandation incessante de Washington.

C'est elle qui a fait les États-Unis.

Il n'y a que ce moyen-là ou la force. Il faudra tuer ces hommes ou qu'ils émigrent. Mais quel honnête homme oserait penser à ces moyens? Le dernier ne serait pas moins ruineux pour les patrons que pour les ouvriers.

En présence de cet abîme de malheurs d'une nation, de ces douleurs intarissables, puisse l'illustre président de la République, puisse l'Assemblée nationale, s'élever à cette hauteur où l'on n'entend plus que la voix de Dieu, de la conscience et de la patrie, à cette hauteur où surent se tenir, pendant une crise suprême, Washington et les grands fondateurs de la république américaine! Le sort de la France est dans leurs mains.

FIN.